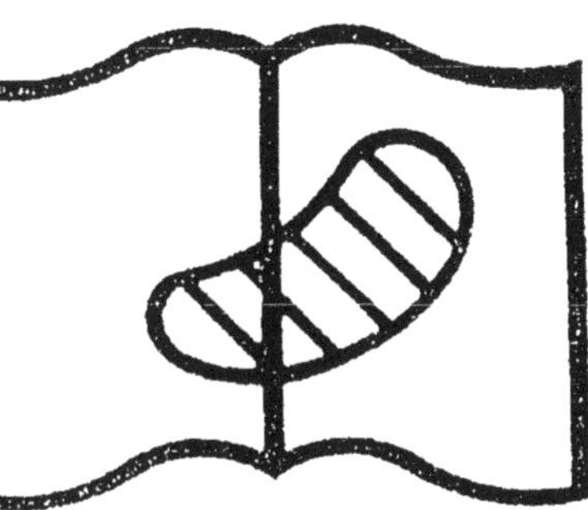

Illisibilité partielle

Valable pour tout ou partie
du document reproduit

Couverture inférieure manquante

Original en couleur

NF Z 43-120-8

NOTICE

SUR LA VIE ET LES TRAVAUX

DU COMTE JACQUES-MARIE-JOSEPH-LOUIS

DE MAS LATRIE

MEMBRE LIBRE DE L'ACADÉMIE DES INSCRIPTIONS ET BELLES-LETTRES

PAR H. WALLON

SECRÉTAIRE PERPÉTUEL DE L'ACADÉMIE

Extrait de la *Bibliothèque de l'École des charles,*
Année 1899, t. LX.

PARIS

1899

NOTICE

SUR LA VIE ET LES TRAVAUX

DU COMTE JACQUES-MARIE-JOSEPH-LOUIS

DE MAS LATRIE

MEMBRE LIBRE DE L'ACADÉMIE DES INSCRIPTIONS ET BELLES-LETTRES

PAR H. WALLON

SECRÉTAIRE PERPÉTUEL DE L'ACADÉMIE

———————

Messieurs,

Les membres libres de notre Académie ne le cèdent pas aux membres ordinaires en activité laborieuse. Ai-je besoin de nommer, après le duc de Luynes et l'intendant général Charles Robert, nos regrettés confrères Thomas-Henri Martin, Alexandre Germain, Victor Duruy, mes anciens camarades d'École normale, et le baron de Ruble, dont M. l'abbé Thédenat, son successeur, vient de faire un si savant éloge? La preuve nous en est encore donnée par celui dont je me propose de vous retracer aujourd'hui la vie et les travaux : le comte Louis de Mas Latrie.

Jacques-Marie-Joseph-Louis de Mas Latrie est né à Castelnaudary, le 9 avril 1815. Dès 1838, il avait publié un ou deux morceaux dans le recueil de la *Société des Antiquaires de France*[1]. Mais il sentit qu'avant de se faire historien, il avait beaucoup à apprendre. Cette année même, il entrait à l'École des

———————

1. *Note sur les deux espèces de mariages usités chez les Romains et chez les Francs* (*Mémoires de la Société des Antiquaires de France*, t. IV, p. 204). — *Archevêchés, évéchés et monastères de France sous les trois dynasties* (*Annuaire de la Société de l'histoire de France* pour 1838, p. 57).

chartes, et quand, à l'expiration de l'année, il eut obtenu le titre
d'élève pensionnaire[1], les circonstances les plus heureuses lui
offrirent les moyens d'étendre singulièrement le champ de ses
études. Le ministre de l'Instruction publique le chargea d'explorer les archives de Toulouse en vue des différentes collections
historiques qui se formaient d'après ses ordres. C'est le début de
ces nombreuses missions qui marquent autant d'étapes dans sa
vie et qui fournirent tant de matériaux à ses propres études. Le
rapport qu'il adressa au ministre sur les archives de la Préfec-
ture, du Capitole, du Palais de justice et des notaires de Toulouse témoigne déjà de l'excellente méthode et de l'esprit critique
dont il devait donner tant d'autres preuves par la suite (1er avril
1839[2]). Cette mission accomplie entre sa première et sa seconde
année d'études à l'École des chartes lui donna l'occasion d'adres-
ser en outre au maréchal Soult un rapport sur les relations de la
France avec l'Afrique septentrionale, relations d'un intérêt tout
national depuis que la conquête d'Alger avait planté notre dra-
peau sur ces rivages. C'est à Louis de Mas Latrie qu'il convient
d'attribuer le rapport publié, sans nom d'auteur, dans le *Tableau
de la situation des établissements français en Algérie*, sous
ce titre : *Principaux traités de paix et de commerce conclus par la France avec les régences barbaresques*[3], et c'est,

1. 24 décembre 1838, promotion dite de 1839.
2. *Journal général de l'Instruction publique* (tirage à part).
3. Imprimerie royale, 1841, p. 412-424. Après les traités conclus par l'empereur Frédéric II, comme roi de Sicile et comte de Provence (1236), et par
Charles d'Anjou (1266), vient, à la suite de la croisade de saint Louis, le traité
conclu par son successeur, Philippe le Hardi, avec le roi de Tunis, au moment
de quitter cette terre où le saint roi venait de mourir. « Le commerce de la
France sur les côtes septentrionales de l'Afrique, ajoute le jeune auteur, se
maintint et s'accrut pendant le XIIIe et le XIVe siècle. » Il souffrit de la guerre
de Cent ans, mais, après l'expulsion des Anglais, il prit un nouvel essor sous
Charles VII et Louis XI. A partir de François Ier, ce ne sont plus des relations commerciales avec les musulmans d'Afrique, c'est une alliance politique
avec le sultan. — A cette mission se rapporte aussi la publication de quelques
chartes qui lui donnent occasion de faire cette remarque : « Les chefs de la
côte d'Afrique favorisèrent d'autant plus ce mouvement commercial qu'ils
étaient demeurés étrangers aux guerres religieuses des Francs dans l'Orient et
que, dès le XIIe siècle, ils avaient lié des relations politiques et commerciales
avec les cités chrétiennes du littoral de la Méditerranée, et notamment avec
Marseille, Barcelone, Gênes, Pise, Gaëte, Naples, Venise » (*Chartes inédites
relatives aux États de Bougie et de Bône*, 1268, 1293, 1480, dans la *Bibliothèque de l'École des chartes*, t. II (1840-1841), p. 388).

en effet, au maréchal Soult que Mas Latrie, dans la préface de son grand ouvrage sur les *Traités de paix et de commerce des chrétiens avec les Arabes au moyen âge,* rapporte la première idée de ce recueil.

Ayant achevé son cours d'études à l'École des chartes et obtenu le titre d'archiviste paléographe[1], il fut attaché à la publication des *Documents inédits de l'histoire de France.*

Notre Académie, qui devait l'appeler, un peu tardivement peut-être, dans son sein, eut une influence considérable sur la direction de ses travaux.

En 1841, elle avait proposé, pour sujet du prix ordinaire à décerner en 1843, la question suivante : *Histoire de Chypre sous le règne des princes de la maison de Lusignan,* et elle en déterminait ainsi le programme :

L'Académie ne demande pas une simple narration ; elle désire que les auteurs, en faisant un récit des événements plus exact et plus étendu que ceux qui existent, ne négligent rien de ce qui se rapporte à la géographie, aux lois, aux coutumes et aux institutions religieuses, politiques et civiles de ce royaume ; elle les invite, en outre, à rechercher quelles furent, pendant la période de temps indiquée, les relations politiques et commerciales du royaume de Chypre avec l'Europe et l'Asie, et plus particulièrement avec Gênes, Venise et l'Égypte.

Dans ce concours où Eugène de Rozière, fort jeune encore, obtint un second prix, ce fut à Mas Latrie que fut décerné le premier[2]. Il fut bientôt mis en mesure de donner à son premier travail des développements que l'improvisation du concours ne comportait pas. En 1845, il reçut du ministre une nouvelle mission qui était comme la consécration du prix décerné par notre Académie. C'est dans l'île de Chypre qu'il était envoyé[3]. Il s'y

---

1. Promotion du 28 janvier 1841.

2. En 1842, avant ce succès, et en 1844, l'année qui le suivit, il fut chargé d'aller recueillir dans le nord, puis dans le sud de l'Italie les documents relatifs aux relations du midi de l'Europe avec l'Afrique septentrionale, recherches auxquelles il avait préludé par sa mission de 1839 dans le midi de la France.

3. Avant de partir, il publia un premier extrait de son mémoire couronné : *Notice sur les monnaies et les sceaux des rois de Chypre de la maison de Lusignan* (*Bibliothèque de l'École des chartes,* t. V (1843-1844), p. 118 et 413).

rendit par Constantinople, où il allait chercher des firmans, et
profita de son passage pour en étudier les monuments antérieurs
à la domination ottomane[1]; puis, avant d'aborder Chypre, il alla
en Égypte, le programme de l'Académie l'y autorisait; mais
c'est à l'île de Chypre qu'il se devait principalement. Il la par-
courut tout entière, et, quand il en revint, il se trouvait en état
de répondre avec plus de détail et de précision (il devait bientôt
le prouver) à toutes les questions que l'Académie avait posées :
topographie de l'île, histoire, institutions civiles et religieuses.

Dès son retour, du lazaret même de Marseille, il s'empressa de
communiquer au ministre l'impression patriotique qu'il rappor-
tait de son voyage. Partout il y a trouvé la trace de la France :

Il n'est pas de ville ou de village un peu important, dit-il, qui ne
conserve encore soit une église, soit une abbaye, soit un château
français, ou du moins quelque inscription ou quelque dalle tumu-
laire de ses anciens seigneurs. Quelle belle galerie Votre Excellence
n'ajouterait-elle pas au musée d'Antiquités nationales de l'hôtel de
Cluny si elle y faisait réunir, ce qui ne serait pas aussi difficile qu'on
pourrait le croire, toutes ces armoiries et ces tombeaux français
de l'île de Chypre, témoignages précieux d'un des plus intéressants
épisodes des Croisades[2].

C'est la France en effet qui avait succédé aux Byzantins dans
l'île de Chypre, car la France n'abandonne pas à l'Angleterre
Richard Cœur de Lion qui la leur enleva. Pas plus que les
Normands, les premiers Plantagenets ne sont des Anglais. Comment le fils de l'Angevin Henri II et d'Éléonore de Guyenne
serait-il un Anglais? Les rois d'Angleterre ne sont vraiment
anglais qu'à partir de la guerre de Cent ans, juste à l'époque où

Ce sont probablement des extraits du même mémoire qu'il publia, au cours
des années suivantes, dans le même recueil, sous ce titre : *Des relations
politiques et commerciales de l'Asie Mineure avec l'île de Chypre sous le
règne des princes de la maison de Lusignan* (2ᵉ série, t. I (1844), p. 301 et
485; t. II (1845-1846), p. 121). — A la date de 1844 se rattache aussi une note
sur un *Arrêt de Montluc après la révolte des protestants de Fumel* (*Mém. de
la Soc. royale des Antiquaires*, t. VII, p. 319).

1. Lettres datées de Constantinople, 10 octobre 1845, du Caire, 17 décembre,
de Nicosie, 9 janvier 1846 (*Archives des missions*, t. I (1850), p. 94, 105 et
108).

2. Lazaret de Marseille, le 18 avril 1846 (*Archives des missions scientifiques*,
t. I (1850), p. 110).

ils revendiquent pour eux-mêmes le royaume de France; mais
au moment où le jeune Henri VI était couronné roi de France à
Paris, Jeanne d'Arc faisait sacrer à Reims Charles VII. En
Chypre, c'est à une famille française que Richard Cœur de Lion
vendit ses droits. C'est cette dynastie française qui, pendant près
de trois siècles, a défendu la chrétienté en face de l'invasion
ottomane.

Les choses ont bien changé depuis, et la notice que notre confrère a fait paraître en 1850 sur la *Situation actuelle de l'île
de Chypre*[1] ne répond plus guère à ce qu'elle est *actuellement*.
Aujourd'hui, c'est l'Europe chrétienne qui soutient l'Empire
ottoman : service indigne auquel la France, la plus ancienne
alliée de la Porte, n'a pas le moins puissamment concouru, sans
doute, et c'est l'Angleterre qui en a reçu le prix en se faisant con-
céder la possession de l'île de Chypre. Ce n'est pas du reste la
seule contrée où la France a préparé la place aux Anglais.

Dès son débarquement, dans la lettre écrite du lazaret de
Marseille, Mas Latrie avait signalé au ministre une découverte
importante dont il était jaloux d'assurer le bénéfice à la France :

En creusant, dit-il, un terrain situé entre la marine et la haute
ville à Larnaca, des ouvriers ont mis à jour une grande pierre de
basalte, de sept pieds de haut sur deux et demi de large et un pied
d'épaisseur, couverte d'inscriptions cunéiformes et décorée, sur sa
face supérieure, de l'image en relief d'un prince ou d'un prêtre por-
tant un sceptre dans sa main gauche.

Des caractères cunéiformes! Le jeune archiviste n'avait pas
appris à lire cette écriture-là ; mais, dans le costume comme dans
l'attitude du personnage, il avait reconnu le style des bas-reliefs
rapportés de Mésopotamie par Botta, et il exprimait le vœu qu'on
fît l'acquisition de ce monument pour la galerie assyrienne,
récemment ouverte au Louvre[2]. Il y eût été bien à sa place.
L'inscription a été lue par un des nôtres ; elle fait connaître le
nom du personnage et la destination de la pierre. C'est la stèle
érigée par Sargon en mémoire de ses conquêtes dans ces parages.
Quand Mas Latrie la réclamait pour le Louvre, elle était encore

1. *Archives des missions scientifiques*, t. I (1850), p. 161.
2. *Archives des missions scientifiques*, t. I (1850), p. 112. La gravure qui en
reproduit l'image (pl. 3) est à la fin du second cahier.

intacte; elle figure aujourd'hui mutilée, mais toujours d'un grand prix, au musée de Berlin.

La mission de Mas Latrie en Chypre a été de sa part l'objet de deux rapports au ministre de l'Instruction publique[1]; elle lui a fourni le sujet de plusieurs communications ou mémoires, en attendant le recueil des documents et l'histoire qu'il se réservait de publier. C'est ainsi qu'il en donna un premier aperçu aux lecteurs du *Correspondant* par trois articles insérés, en 1847 et 1848, dans cette Revue[2].

Cette mission, les rapports qu'il en fit, les publications qui suivirent ne pouvaient manquer d'attirer l'attention sur sa personne. A son retour, il avait été attaché comme secrétaire-trésorier à l'École des chartes (6 janvier 1847); l'année suivante, il y suppléait Champollion-Figeac dans la chaire de diplomatique, et, en 1849 (10 mai), il l'y remplaçait définitivement, avec le titre de répétiteur général, titre qui fut changé en celui de sous-directeur des études en 1854.

Il s'était trop bien acquitté de sa mission en Chypre pour n'être pas chargé de missions nouvelles, et ses fonctions à l'École des chartes n'y firent pas empêchement. L'île de Chypre avait eu de fréquents rapports avec Venise, qui finit par s'y substituer à la domination des Lusignan. En 1850 (19 décembre), le jeune archiviste fut chargé d'explorer les archives de Venise et de Malte, « à l'effet de recueillir tous les documents propres à compléter l'histoire des familles d'outre-mer de Du Cange, » ouvrage dont la publication avait été prescrite par un arrêté du 8 décembre 1849. Mas Latrie n'était pas de ceux (en petit nombre, je l'espère) qui sollicitent une mission en Italie ou ailleurs comme une occasion d'y faire un charmant voyage aux frais de l'État. Ses lettres datées de Venise (19 et 30 mars 1851) le prouvent amplement, et surtout son *Rapport sur le recueil des archives de Venise*, intitulé : *Libri Pactorum* ou *Patti*.

« Le recueil des traités de l'ancienne république, dit-il, appelé les *Patti* ou *Libri Pactorum*, indépendamment des matériaux qu'il fournit à l'histoire, intéresse la plupart des pays autrefois

1. 1er rapport (non daté) (*Archives des missions scientifiques*, t. I (1850), p. 502); 2e rapport (30 juillet 1846) (*Ibid.*, p. 521).

2. *Nicosie, ses souvenirs historiques et sa situation présente* (*Corresp.*, t. XVII, p. 505, XVIII, p. 853, et XIX, p. 250).

en relations avec Venise. » Il en décrit les neuf grands volumes in-folio sur parchemin et donne l'énumération exacte des pièces qu'ils contiennent. D'autre part, la bibliothèque de Saint-Marc lui avait offert un manuscrit qui avait dû tout particulièrement attirer son attention après son séjour en Chypre : c'est le cartulaire de Sainte-Sophie de Nicosie, dont la première pensée appartenait au religieux dominicain Jean, archevêque de Nicosie en 1322, manuscrit qui souvent « offre, dit-il, une source nouvelle à l'histoire de nos principautés d'outre-mer. » Honoré d'une médaille au concours des Antiquités nationales pour son travail sur les Continuateurs de Guillaume de Tyr (1850), il avait reçu de notre Compagnie des instructions en vue du *Recueil des historiens des Croisades*, auquel il ne se doutait pas alors qu'il dût travailler un jour, et, dans une lettre datée de Florence (12 avril), il manifeste l'espoir de « retrouver quelques textes ou quelques notions utiles à l'édition des continuations françaises de Guillaume de Tyr, que préparaient MM. Lebas et Langlois. »

L'histoire de notre langue pouvait aussi tirer profit de sa mission. L'un des rédacteurs de l'*Histoire littéraire de France,* rappelant les noms de Brunetto Latini et d'autres, en avait tiré cette conclusion « qu'à une certaine époque, du milieu du XIIe siècle jusqu'à la fin du XIIIe, le français fut véritablement le langage général, le moyen de communication le plus fréquent entre les nations latines, principalement entre celles qui fréquentaient le Levant. » Mas Latrie, reproduisant cette opinion dans une lettre datée de Florence (30 mars 1851), la confirme par deux pièces du sultan d'Alep, de 1254, qu'il a trouvées dans les archives de Venise, et il en publie le texte, réserve faite « des altérations qu'elles ont dû subir sous la plume du drogman qui les écrivit, ou des expéditionnaires de la chancellerie ducale qui les transcrivirent dans les registres de l'État[1]. »

L'arrêté du 19 décembre 1850 avait envoyé Mas Latrie, non seulement à Venise, mais aussi à Malte. C'est dans le sixième volume des *Archives des missions scientifiques*, daté de 1857, que furent publiés les résultats de cette consciencieuse exploration. On y trouve un aperçu sommaire de documents qui, dit-il, pourraient former quinze séries (1° bulles ; 2° diplômes et con-

---

1. *Bibliothèque de l'École des chartes* (1851), p. 527.

cessions; 3° bulles originales des grands maîtres, etc.), et il y a joint un complément intéressant pour l'histoire des grands maîtres : c'est toute la suite de leurs épitaphes, encore existantes dans l'église de Malte, depuis Villiers de l'Ile-Adam (1534) jusqu'au 419° grand maître, Charles de Tressemanes-Chasteuil (1766), noms français pour la plupart. — Ici encore la France, en voulant succéder aux grands maîtres, n'a fait que préparer la domination des Anglais.

A la suite de cette mission, il reçut la croix de la Légion d'honneur (1851[1]), et à cette distinction s'ajoutèrent successivement des charges nouvelles. Il fut nommé, en 1853 (octobre), chef de la section administrative aux archives de l'Empire[2]; en 1855, membre du Comité de la langue, de l'histoire et des arts; en 1858, membre du Comité des travaux historiques, section d'archéologie. Il faut dire aussi que dans cette période de 1850 à 1860 il n'avait pas cessé d'accroître ses titres. Depuis son retour de Chypre, il travaillait à réunir les documents sur lesquels il devait fonder la grande histoire qu'il avait entreprise[3]. C'est en 1852 qu'il commença à les publier. Le premier volume étant réservé pour l'histoire à laquelle ils devaient servir de preuve, le second (premier des documents) contient les pièces qui se rapportent aux années 1191 à 1422 et le troisième (1855) celles qui appartiennent aux années suivantes, jusqu'à la Vénitienne Catherine Cornaro, veuve de Jacques III de Lusignan, laquelle, devenue régente à sa mort, finit par abandonner la souveraineté de l'île à Venise (1432-26 février 1489). L'auteur

1. Officier en 1869.
2. Il fut mis à la tête de la section judiciaire en 1868.
3. *Charte de nolissement de l'année 1264 pour un voyage de Pise à Bougie* (*Bibl. de l'École des chartes*, 2° série, t. IV (1847-1848), p. 244). — *Documents sur l'histoire de l'Algérie septentrionale au moyen âge*. Ils prouvent, dit-il, que les relations des Européens et des Arabes occidentaux, du XII° au XIV° siècle, ont été plus faciles et plus fréquentes que l'on ne pensait quand le nord de l'Afrique était encore sous le régime des Turcs (*Ibid.*, t. V (1848-1849), p. 134). — *Donation à l'abbaye de Cluny du monastère de Hiéro Kosmo, près de Patras, en* 1250 (*Ibid.*, p. 308); donation faite par l'archevêque Anselme, qui avait reçu l'éducation à Cluny. — *Critique de deux diplômes commerciaux des villes de Marseille et de Trani, sur l'Adriatique* (*Ibid.*, 3° série, t. I (1849), p. 343). Il reconnaît que l'autorité des chartes doit l'emporter sur celle des chroniqueurs, mais à une condition, c'est qu'elles soient authentiques, ce qui n'était pas le cas ici.

y a joint, avec des pièces recueillies postérieurement sur les
règnes précédents, d'autres qui se rapportent à la domination
vénitienne (1489-1570) ; quelques-unes, beaucoup plus rares, à
la domination turque depuis la conquête de Nicosie ; d'autres
enfin relatives aux prétentions des ducs de Savoie sur l'héritage
des Lusignan.

Ce n'est qu'en 1861 qu'il fit paraître le tome Ier, où, s'ap-
puyant sur les *documents publiés*, il expose magistralement cette
histoire[1].

Cette histoire se trouve intimement liée à celle des Croisades
depuis Richard Cœur de Lion, et le premier volume nous conduit
jusqu'à la prise de Saint-Jean-d'Acre, qui marqua la fin des établissements chrétiens en Palestine. Le royaume de Chypre leur
survivant, notre confrère se proposait d'en suivre, dans son
récit, les destinées jusqu'à la fin. Mais, sans y avoir jamais
renoncé, il n'est pas allé plus loin; c'est un vrai dommage pour
la science.

Dans le chapitre xix qui termine ce volume, il nous donne un
aperçu du plan qu'il devait suivre et des conclusions où il devait
aboutir. Le grand rôle des princes de la maison de Lusignan dans
l'île de Chypre était la défense de la chrétienté en Orient; ils
l'avaient soutenu avec les premiers rois de Jérusalem, et quand
eux-mêmes succédèrent à ces rois. Ils n'y défaillirent pas après
que le royaume de Jérusalem eut péri, et les circonstances ne
leur étaient pas défavorables. En Asie, les Mongols menaçaient
la puissance des Arabes maîtres de l'Égypte, et l'on pouvait tirer
avantage de leurs hostilités. L'alliance avec eux était même, dit
notre historien, plus facile à conclure qu'au temps de la croisade
de saint Louis. L'empereur des Tartares, Argoun, était disposé
à s'entendre avec le pape pour entraîner l'Europe dans une croisade. Il avait fait des démarches à cette fin auprès des princes
chrétiens, et les États chrétiens auraient pu disposer de bien
plus de forces pour cette guerre. La France était plus grande ;
l'Angleterre avait réduit les Gallois et les Écossais ; les rois
d'Aragon étaient maîtres de la Sardaigne et des Baléares ; l'Au-

1. Il en avait donné par avance quatre fragments qui faisaient désirer vive-
ment la publication de son ouvrage (*Bibl. de l'École des chartes*, 1856, p. 10
et 305).

triche, avec les Habsbourg, jouissait en Allemagne d'une prépondérance incontestée ; la papauté, enfin, n'avait plus à lutter
contre les Hohenstauffen, et, les deux grandes îles de Chypre et
de Candie étaient des lieux de ravitaillement assurés pour les
flottes qui auraient amené les nouveaux croisés en Palestine ou
en Égypte. Que manquait-il donc ? Ce qui manquait, c'était l'esprit des croisades : « Le royaume de Jérusalem avait péri, dit
notre confrère, parce que les idées et les sentiments qui l'avaient
fondé ne le soutenaient plus ; la cause de sa chute fut bien moins
la puissance de l'islamisme que l'indifférence de l'Europe »
(p. 499). C'est cette même cause qui l'empêcha de se relever.
D'autres intérêts avaient prévalu. La puissance maritime se
trouvait concentrée dans quelques grandes villes commerçantes :
Gênes, Venise, Marseille, Barcelone, et ces villes trouvaient que
le transport des troupes leur était bien moins avantageux que
celui des marchandises qu'elles allaient chercher en Orient. Le
besoin de ces produits de l'Orient s'était étendu avec le progrès
de la civilisation en Europe. La guerre avec les musulmans ne
pouvait qu'y faire obstacle, et le commerce s'accommodait fort
bien des relations pacifiques avec eux.

« On comprend, ajoute-t-il, comment, au milieu d'une exten-
sion aussi générale du commerce, les croisades étaient devenues
moralement si difficiles et presque inexécutables, au moment
même où les circonstances politiques et les moyens matériels
pour les accomplir se trouvaient plus favorables » (p. 506-507).

Une des conséquences signalées encore dans ce chapitre et qui
auraient été exposées dans le volume suivant, c'est qu'au point
de vue de son développement intérieur, l'île de Chypre avait
plus gagné que perdu à la chute du royaume de Jérusalem.
« Depuis qu'Amaury II avait occupé le glorieux héritage de
Godefroy de Bouillon, les rois de Chypre n'avaient eu sur le
Continent qu'épreuves et déceptions... » A la perte d'un terri-
toire impossible à défendre sans l'assistance de l'Europe, les rois
gagnaient un réel accroissement d'autorité, et l'on pouvait dire
que leur prestige n'en avait pas souffert : ils se disaient, ils
étaient reconnus rois de Jérusalem, ils n'avaient de moins que
les charges de cette royauté. A Jérusalem, ils avaient à faire la
guerre dans des conditions désastreuses ; en Chypre, ils pouvaient assurer à leurs sujets les avantages du commerce et les

bienfaits de la paix. C'est là ce que la suite de ce grand travail devait établir[1]. Au fond, ce n'est plus le royaume de Jérusalem, c'est le royaume de Chypre, et l'auteur finit son premier volume sur ces mots :

« Dans notre second livre, qui est le second siècle et le temps le plus prospère de son histoire, nous le verrons recueillir les avantages que les événements et la sage direction de son gouvernement lui avaient assurés » (p. 515).

Louis de Mas Latrie avait donc encore beaucoup à faire pour accomplir la tâche qu'il s'était proposée ; mais ce qu'il avait fait était déjà considérable, et notre Académie ne voulut pas attendre pour lui en donner un témoignage éclatant. Après la publication de ce premier volume (1861), elle lui décerna en 1862 le grand prix Gobert, prix destiné au « travail le plus savant et le plus profond sur l'histoire de France et les études qui s'y rattachent. » Quel ouvrage pouvait mieux répondre aux vues du fondateur ? L'*Histoire de Chypre sous les princes de la maison de Lusignan*, c'était le tableau de l'action de la France dans une région de l'Orient où elle a si bien marqué son empreinte que tout Européen s'y nomme Franc.

Cette récompense ne pouvait que l'encourager à continuer son travail.

En 1871, en 1873, en 1874, il publia dans la *Bibliothèque de l'École des chartes* plusieurs articles sous ce titre : *Nouvelles preuves de l'histoire de Chypre*[2]. « Mon siège est fait, » avait, dit-on, répondu l'abbé Vertot en refusant des documents qui l'eussent obligé à recommencer, sur nouveaux frais, son récit de la prise de Rhodes. L'auteur de l'*Histoire de Chypre* proteste que tel n'est pas son système, et il le prouve en recherchant lui-même et en publiant tous ceux qui peuvent enrichir son recueil.

De 1861 à 1864, de nouvelles missions lui firent visiter Venise encore, Barcelone et Palerme. Il revenait alors, avec plus de maturité et sur un plan plus vaste, à l'objet de sa première mission : le commerce des villes de la Méditerranée et leurs rela-

---

1. En 1862, l'auteur publia une *Notice sur la construction d'une carte de l'île de Chypre* (*Bibl. de l'École des chartes*, 5ᵉ série, t. I, p. 1) et il dressa cette carte sur le plan tracé dans sa notice.

2. *Bibl. de l'École des chartes*, t. XXXII (1871), p. 341 ; *Ibid.*, t. XXXIV (1873), p. 47 : *Documents divers* (1286-1383); *Ibid.*, t. XXXV (1874), p. 99-158 : *Documents divers* (1333-1440).

tions avec les États barbaresques[1], ce qui d'ailleurs ne lui faisait pas négliger les documents qui, à divers titres, pouvaient avoir de l'intérêt pour les études de droit public ou d'histoire : *Listes des princes et seigneurs des divers pays, dressées pour l'expédition des lettres de la chancellerie du doge au XIVe siècle*[2]; — *Privilèges commerciaux accordés à la République de Venise par les princes de Crimée et les empereurs mongols de Kiptchak*[3]; — dans le même ordre de documents : *Privilège accordé en 1520 à la République de Venise par un roi de Perse, faussement attribué à un roi de Tunis*[4]; — *Privilège accordé par Hethoum, roi d'Arménie, aux Vénitiens*[5]; — et plusieurs morceaux qui se rattachent à l'histoire de l'art en Italie : par exemple ses deux articles sur les *Testaments des artistes vénitiens*[6].

En 1866, il publiait enfin son grand ouvrage sur les *Traités de paix et de commerce entre les chrétiens et les Arabes de l'Afrique septentrionale au moyen âge*[7].

J'ai dit comment l'idée de ces recherches lui avait été suggérée, lors de sa première mission dans le midi de la France, par le maréchal Soult. C'est dans sa préface qu'il le déclare, et il fait connaître en même temps que Napoléon III n'a pas été étranger à la forme nouvelle de sa publication : l'empereur a bien voulu lui indiquer « comment elle devait être agrandie et disposée pour réunir plus complètement, mais distinctement, le caractère et les notions scientifiques aux résultats plus simples qui peuvent

1. Il avait déjà publié en 1857 : *Documents relatifs au commerce des Génois sur la côte d'Afrique au moyen âge* (*Bibl. de l'École des chartes*, t. XVIII, p. 439), et en 1859 : *Relations commerciales de Florence et de la Sicile avec l'Afrique au moyen âge* (*Ibid.*, t. XX, p. 209). En 1862, quelques pages curieuses dont il suffit de donner le titre : *Vente et rachat du trône de Frédéric II* (*Ibid.*, t. XXIII, p. 248).

2. *Ibid.*, t. XXVI (1865), p. 43. L'année suivante, il donnait une *Note* assez curieuse des *Armes existant à l'Arsenal de Venise en 1334* (*Ibid.*, t. XXVII, p. 529). En 1864, *le Commerce d'Éphèse et de Milet au moyen âge*, à propos du traité vénitien de 1403 avec l'émir de Palatcha, qu'il publiait (*Ibid.*, t. XXV, p. 219-231).

3. *Bibl. de l'École des chartes*, t. XXIX (1878), p. 580-595.

4. *Ibid.*, t. XXXI (1870), p. 72.

5. *Ibid.*, p. 407.

6. *Bibl. de l'École des chartes*, t. XXX (1869), p. 195 et 298.

7. 2 vol. in-4°, 1866, 1868, et suppl. 1873. La préface est datée du 10 mai 1865.

éclairer l'administration publique et les indigènes eux-mêmes
sur l'état et la civilisation du pays avant la domination turque. »
Il définit les dix séries dans lesquelles il distribue, selon l'ordre
géographique, les documents qu'il a recueillis, et, dans une
savante introduction, il fait à grands traits l'histoire de ces relations. Malgré l'esprit exclusif du Coran, le christianisme n'était
point proscrit par les Arabes d'Afrique. Ils avaient toléré les
chrétiens indigènes, demeurés dans le pays après la conquête.
A la fin du x⁰ siècle, la puissance arabe décline et les nations
chrétiennes reprennent l'avantage dans toute la Méditerranée.
Même au cours de leurs guerres, tous rapports religieux et commerciaux n'ont pas cessé entre l'Afrique et les chrétiens. Il y a
des évêchés et des centres chrétiens. En 1053, la papauté confirme la prédominance du siège de Carthage. Grégoire VII entre-
tient des rapports amicaux avec El Nacer, roi berbère. Les
Almoravides et les Almohades se succèdent et ne dédaignent pas
de prendre des milices chrétiennes à leur service. L'auteur note
les alternatives de relations commerciales ou d'hostilités des
nations chrétiennes avec eux. Au xiii⁰ siècle, les rapports de
commerce devinrent plus fréquents et mieux réglés. C'est une
occasion d'indiquer les principes généraux de ces traités, les
usages qui avaient prévalu ; et l'auteur passe en revue les tran-
sactions particulières de Venise, de Florence, de Gênes, etc., au
xiv⁰ et au commencement du xv⁰ siècle. Il signale le contre-
coup funeste que ces relations éprouvèrent de la prise de Constantinople par les Turcs en 1453. Le commerce des chrétiens se
maintint pourtant encore sur la côte d'Afrique, et Louis XI
chercha à le développer pour la France. On n'est pas loin du
temps où François Iᵉʳ, pour combattre Charles-Quint, fit alliance
avec Soliman lui-même ; mais c'était là une alliance politique.
Dans ce même temps, Barberousse, maître d'Alger, faisait, au
nom de Soliman, la conquête de Tunis. Ce fut, dit Mas Latrie,
pour l'Afrique septentrionale l'ère de la décadence et de la bar-
barie.

Les diverses missions qu'il avait remplies en Italie lui avaient
en quelque sorte acquis le droit de bourgeoisie dans les villes
dont il avait exploré les archives. En 1875, il reçut de Rome un
titre plus élevé. Le pape Pie IX le créa comte romain, avec héré-
dité de mâle en mâle :

Il est assez notoire, bien-aimé fils, que vous êtes depuis longtemps, parmi les hommes issus du pays de Languedoc, distingué par votre science, vos nombreux ouvrages, vos lointains voyages, non moins que par votre honorable origine, votre affection éprouvée pour la religion catholique et vos soins assidus, non seulement à conserver intacts les principes de la vraie foi et du dévouement aux pontifes romains, reçus de vos pères, mais encore à accroître et à transmettre à vos enfants ce précieux héritage.

Aussi avons-nous été disposé à accueillir bienveillamment, cher fils, la demande qui nous a été adressée de vous conférer, en raison de vos mérites, le titre de comte, titre qui ne fût pas limité à votre vie, mais qui pût s'étendre à vos héritiers (voy. *l'Univers* du 5 octobre 1875).

En cette même année (1875) il était nommé membre de la Société de l'Orient latin, société fondée par le comte Riant et dont il avait été, on le peut dire, le précurseur par ses travaux. Son grand ouvrage sur Chypre l'avait fait entrer dans l'histoire des Croisades. Il y avait, en quelque sorte, préludé par une lettre qui suivit son retour de Chypre : *Lettre à M. le comte Beugnot sur les sceaux de l'ordre du Temple et sur le temple de Jérusalem au temps des Croisades*[1]. Sans se désintéresser de l'histoire de Chypre à laquelle il paya un large tribut jusqu'à la fin, sans négliger ni Venise ni l'Afrique septentrionale qu'il n'avait jamais perdues de vue, il s'occupait de cette grande question des croisades[2].

---

1. *Bibl. de l'École des chartes* (1847-1848), p. 385.

2. I. Chypre. *Lettre inédite d'Innocent III de l'an* 1206 (28 janvier), lettre adressée au chapitre de Nicosie (*Bibl. de l'École des chartes*, t. XXXVI (1875), p. 118). — On peut rattacher aussi à ces recherches intéressant l'île de Chypre son article sur *Guillaume de Machault et la prise d'Alexandrie*, épisode rimé des faits et gestes de Pierre de Lusignan (*Ibid.*, t. XXXVII (1876), p. 443); — le *Bienheureux Hugues de Pise, archevêque de Nicosie*, né à Pise à la fin du XIIe siècle, et après avoir passé par Bologne et par Rome, doyen métropolitain de Rouen, il accompagna saint Louis dans sa croisade de 1248, devint archevêque de Nicosie et mourut en Égypte le 18 avril 1250 (*Rev. hist.*, t. V (1877), p. 68-83); — *Jacques II de Lusignan et ses principaux successeurs*, Jacques, bâtard du roi Jean II, qui le fit archevêque à l'âge de dix-sept ans en 1456; le pape ne lui donna jamais ses bulles (*Bibl. de l'École des chartes*, t. XXXVIII (1877), n° 257); — *les Comtes de Carpas*, seigneurie située à l'extrémité de l'île de Chypre, vers Alexandrette, érigée en comté en 1472 (*Ibid.*, t. XLI (1880), p. 575); — *Généalogie des rois de Chypre de la maison de Lusignan* (extrait de l'*Archivio Veneto*, 1881).

En 1860, il publiait dans la *Bibliothèque de l'École des chartes*, avec des retouches, son *Essai de classification des continuateurs de Guillaume de Tyr* qui lui avait valu en 1850 une médaille au concours des Antiquités nationales ; en 1871, la *Chronique d'Ernoul et de Bernard le Trésorier*[1] ; en 1878, c'était un mémoire sur *la Terre au delà du Jourdain et ses*

II. Venise. *Translation des reliques du doge Orseolo de France à Venise.* Orseolo, doge de 976 à 978, avait quitté brusquement le palais ducal pour prendre l'habit religieux dans le monastère de Saint-Michel-de-Cuxa en Roussillon, où il mourut le 2 avril 987 en odeur de sainteté. En 1732, la république de Venise ayant exprimé à la cour de Versailles le désir d'avoir une part de ses reliques, le gouvernement français y accéda, et Mas Latrie a publié la correspondance échangée à ce propos (1878). Venise, paraît-il, a montré peu de libéralité dans sa façon de reconnaître le bon vouloir du monastère ; — *Commerce et expéditions militaires de la France et de Venise au moyen âge* (extrait des *Documents inédits* publiés par les soins du ministre de l'Instruction publique, 1879) ; — *Quelques autographes français des archives de Venise*, quelques belles lettres d'Henri IV, de Richelieu, de Turenne, de Louis XIV et du dauphin son fils (*Bibl. de l'École des chartes*, t. XLII (1881), p. 30-35) ; — *Instruction de Foscari, doge de Venise, au consul de la république, chargé de complimenter le nouveau roi de Tunis en 1436 (Ibid.,* p. 279) ; — *le Manuscrit de la « Practica della Mercatura » de Pergoletti* (1350), Pergoletti, un des voyageurs de la maison des Bardi, de Florence. « On y trouve, dit L. de Mas Latrie, de précieuses indications non seulement pour l'histoire du commerce maritime et continental, pour l'histoire des banques, du change, de l'industrie et de l'économie politique, mais pour la technologie et la métrologie, la numismatique et la géographie, depuis la France, la Flandre et l'Angleterre, depuis le Portugal et le Maroc jusqu'aux Indes et à la Chine, dont les produits arrivent en Europe par la triole voie de l'Égypte, du golfe Persique et des routes du Khorassan, ouvertes par nos marchands et nos intrépides missionnaires. » L'ouvrage n'a eu qu'une seule édition ; notre confrère montre combien il importerait d'en faire une autre, bien collationnée sur le manuscrit.

III. L'Afrique septentrionale. *L'Episcopus Gummitanus et la primauté de Carthage (Bibl. de l'École des chartes*, t. XLIV (1883). p. 72-77), *Gumis* ou *Gumnis, ad quas Gumritanas*, est Hammam-el-Lif, petite localité thermale du golfe de Tunis. L'évêque de Gumnis avait des prétentions que le pape Léon IX condamna en constatant la suprématie de Carthage sur les évêques d'Afrique.

1. *Chronique d'Ernoul et de Bernard le Trésorier*, publiée pour la première fois et d'après les mss. de Bruxelles, de Paris et de Berne, avec un essai de classification des continuateurs de Guillaume de Tyr. Paris, veuve Jules Renouard, 1871 (Recueil de la *Société de l'histoire de France*). L'essai de classification qui termine ce volume, p. 473, est donné comme extrait de la *Bibl. de l'École des chartes*, 5ᵉ série, t. I (1860), p. 38 et 140.

premiers seigneurs[1]. En 1879, un autre mémoire, *les Comtes de Jaffa et d'Ascalon, du XII° au XIX° siècle*[2], et, dans les années suivantes, quelques notices de moindre étendue[3].

A partir de 1885, il allait se vouer plus exclusivement aux monuments de cette histoire. Le 6 mars 1885, notre Académie l'élut au nombre de ses membres libres, et bientôt elle le mit en mesure de faire servir à nos grands recueils son érudition éprouvée en cette matière. Elle l'attacha à la publication des *Historiens occidentaux* des croisades, en collaboration avec le comte Riant (janvier 1889), et des *Historiens arméniens* avec M. Schefer (mai 1895).

Les historiens occidentaux, c'était bien de son domaine; mais les historiens arméniens! où Mas Latrie avait-il appris l'arménien? Nulle part. Il n'en savait pas un mot. Mais M. Dulaurier, qui avait publié, au nom de l'Académie, un premier volume des *Historiens arméniens* (texte arménien), en avait projeté un second, comprenant les auteurs arméniens de naissance ou d'adoption qui avaient écrit l'histoire d'Arménie, soit en français, soit en latin : Dardel, cordelier français, qui devint le confesseur de Léon V, roi d'Arménie, l'accompagna en Occident pour solliciter les secours de la chrétienté et écrivit en français l'*Histoire d'Arménie;* Hethoum ou Hayton, prince arménien lui-même, fort mêlé aux choses de son pays, qui se fit religieux Prémontré, et mis, par le pape Clément V, à la tête d'une abbaye de son ordre à Poitiers, y dicta ce qu'il savait de l'Orient à un de ses confrères, qui l'écrivit en français d'abord, puis en latin : *la Flor des estoires de la terre d'Orient, Flos historiarum*

---

1. *Bibl. de l'École des chartes*, t. XXXIX (1878), p. 416-420. Non seulement, dit l'auteur, les mots *T:rre au delà du Jourdain* dans les Assises de Jérusalem et dans Guillaume de Tyr ne désignent pas, comme on le pense bien, la totalité du domaine chrétien situé à l'orient du Jourdain, depuis Bel'nas jusqu'à la mer Morte, mais ils s'appliquent, d'après l'un et l'autre document, à des pays tout différents qui ne bordaient réellement le Jourdain que dans une portion limitée de son cours.

2. *Revue des Questions historiques*, juillet 1879.

3. *Les Seigneurs du Crak de Montréal, appelés d'abord seigneurs de la terre au delà du Jourdain* (1883) (extrait de l'*Archivio Veneto*). — *Le Fief de Chamberlaine*, office qui formait, comme plusieurs autres dignités du royaume de Jérusalem, un fief particulier relevant du roi et auquel étaient affectées certaines terres ou rentes indépendantes des revenus casuels de la charge (*Bibl. de l'École des chartes*, t. XLIII, p. 647).

terræ Orientis; Daniel de Tauris, autre religieux arménien,
qui, pour intéresser l'Église latine à la même cause, défendit les
Arméniens contre les accusations d'hérésie, *Responsio ad
errores impositos Hermenis.* C'est pour ce recueil que Mas
Latrie, compétent en cette sorte de textes, avait été associé à
M. Schefer, et il eut grandement à se louer du concours de
M. Ulysse Robert, à qui l'on doit la découverte du manuscrit
même de Dardel. Le volume est entièrement terminé et n'attend
plus que la préface, dont la rédaction, depuis la mort si regret-
table de nos deux confrères, a été confiée à un confrère non
moins compétent, M. Gaston Paris. Quant aux *Historiens occidentaux,* c'est Mas Latrie qui a publié la préface du tome V, et
il en prit occasion de rendre un légitime hommage au comte
Riant, qui, ayant été le plus à la peine, aurait bien mérité l'honneur d'y apposer son nom : « Tous les morceaux compris dans
ce volume, dit-il, ont été choisis et déterminés par lui. La préface
même lui appartient en quelque sorte; » notre confrère sait faire
aussi la part des deux collaborateurs qui l'ont aidé à recueillir et
à coordonner les notions relatives à chaque auteur dans ce vaste
préambule, MM. Kohler et François Delaborde.

Deux choses continuaient de solliciter et de partager son activité avec ses travaux de l'Institut, c'étaient ses fonctions de chef
de la section judiciaire aux Archives et son enseignement à
l'École des chartes; mais l'enseignement à l'École donnait aussi
matière à ses publications. Citons ses articles sur les *Erreurs
de dates dans les documents officiels*[1], et nommons surtout
le gros volume qui peut servir à les corriger : *Trésor de chro-
nologie, d'histoire et de géographie pour l'étude et l'emploi
des monuments du moyen âge,* gr. in-folio de 2,300 colonnes[2],
un livre qui, à certains égards, peut suppléer à l'*Art de vérifier
les dates,* et c'est grand honneur que de pouvoir être nommé sur
ce sujet à la suite des Bénédictins[3]. Mais que cela ne nous fasse

---

1. *Bibl. de l'École des chartes,* t. **XXXVI** (1875), p. 305-307.

2. Paris, Victor Palmé, 1889.

3. Citons encore dans cet ordre d'études *le Glossaire des dates ou explica-
tion par ordre alphabétique des noms peu connus, des jours de la semaine,
des mois et autres époques de l'année employés dans les dates des monuments
du moyen âge.* Paris, Champion, 1883, in-8°. — *Les Éléments de la diploma-
tie pontificale* (extrait de la *Revue des Questions historiques,* avril 1886 et
avril 1887).

pas oublier quelques morceaux de bien moindre étendue, comme l'article : *De la formule « car tel est notre plaisir » dans la chancellerie française.*

On lit dans l'*Art de vérifier les dates :* « François Ier est l'auteur de la formule *car tel est notre bon plaisir* qui s emploie dans la plupart des écrits ou lettres royaux. » Mas Latrie s'étonne de cette assertion :

« Ainsi, dit-il, dans la pensée des auteurs de ce magnifique ouvrage, la formule du « bon plaisir » a sanctionné la plupart des actes royaux de l'ancienne monarchie, depuis le temps du roi François Ier jusqu'à la fin du xviiie siècle. Et cette formule blessante et justement décriée se retrouverait, non seulement au bas des lettres patentes constatant des actes de juridiction gracieuse et bienveillante, tels que les anoblissements, elle aurait été inscrite aussi au bas des actes les plus graves, les plus solennels! Comment ne pas excuser de très savants auteurs, et après eux la foule des écrivains et du public, d'avoir répété, avec ou sans mauvaise intention, que la formule la plus chère et la plus caractéristique de l'ancienne monarchie était celle du *bon plaisir,* celle qu'aimaient à employer officiellement les rois en parlant à la nation : *car tel est notre bon plaisir!* »

Notre confrère établit que la formule : *car tel est notre plaisir* signifie *car telle est notre volonté,* pas autre chose. « Et c'est déjà beaucoup, c'est mên.ᵃ trop, j'en conviens, dit-il, que les anciens rois aient pu énoncer de semblables principes dans les édits et les ordonnances générales[1]. » Mais il n'y a pas là cet étalage d'arbitraire qui nous choque dans la formule *car tel est notre bon plaisir.*

Ce fut en 1885, l'année même où il fut élu membre de notre Académie, qu'il prit sa retraite comme professeur à l'École des chartes. Mais l'École le retrouva bientôt, car, en 1888, l'Académie l'y fit rentrer comme membre du conseil de perfectionnement. Membre avec lui de ce conseil, je ne puis mieux faire pour y caractériser sa participation aux examens que d'emprunter au directeur même de l'École, notre confrère M. Paul Meyer, les traits sous lesquels il le dépeint dans le rôle qu'il y revenait prendre : « Remarquable, comme avant, par la vivacité de son esprit, toujours jeune et alerte, par l'ardeur qu'il mettait à

---

1. *Bibl. de l'École des chartes,* t. XLII (1881), p. 560-564.

défendre son avis, par la bonne grâce avec laquelle il savait accepter l'opinion contraire, » — et je puis ajouter par l'indulgence dont l'ancien professeur faisait preuve à l'égard de ses jeunes camarades. Quand les avis étaient partagés dans le jugement, on était sûr de le trouver, avec notre regretté Léon Gautier, du côté le moins rigoureux.

Jusqu'à la fin, son infatigable activité se portait sur des sujets divers, avec une certaine prédilection, disons-le, sur ceux qui avaient passionné sa jeunesse : Chypre, Venise, le nord de l'Afrique; *les Ducs de l'Archipel ou des Cyclades* (1887)[1]; *les Anciens évêchés de l'Afrique septentrionale*[2], etc.

Un des plus curieux est le mémoire qu'il a inséré dans notre Recueil sous ce titre : *l'Empoisonnement politique dans la République de Venise* (1893)[3].

Notre confrère avait abordé une première fois cette question, avec quelques ménagements diplomatiques, dans les *Archives de l'Orient latin*[4].

« On a dit avec raison, disait-il, que la vérité seule était due aux morts. La moralité de cette réflexion peut s'appliquer aux états et aux nations aussi bien qu'aux individus. » — Il atteste le respect dû à Venise pour la durée dix fois séculaire de son existence, la puissance de ses institutions, la grandeur des évènements auxquels elle a pris part, la valeur des hommes qui l'ont

---

1. *Les Ducs de l'Archipel ou des Cyclades.* Venise, 1887, in-4°. Le duché de l'Archipel ou des Cyclades, ou encore de la *Dodécanèse*, appelé aussi *duché de Naxos*, du nom de l'île capitale, avait été donné, par la République de Venise, dès le début de la conquête franque, à la famille des Sanudo; il échut aux Dalle Carceri, de Vérone, en 1371, et passa en 1383 aux Crispo, famille vénitienne, à laquelle appartenait par sa mère la dernière reine de Chypre, Catherine Cornaro.

Ajoutons *le Texte officiel de l'allocution adressée par les barons de Chypre au roi Henri II de Lusignan pour lui notifier sa déchéance* (Revue des Questions historiques, 1888). — *Découverte des tombeaux d'un prince de Lusignan et du maréchal Adam d'Antioche* (tirage à part, 1889). — *Les Rois de Serbie* (extrait de la *Revue illustrée de la Terre Sainte et de l'Orient latin*, 1888). — *L'Officium Robariæ*, ou l'Office de la piraterie à Gênes au moyen âge (*Bibl. de l'École des chartes*, 1892, p. 264-273).

2. Extrait du *Bulletin de Correspondance africaine*, 1886.

3. *Mém. de l'Ac. des inscr.*, t. XXXIV, 2° partie.

4. *Projets d'empoisonnement de Mahomet II et du pacha de Bosnie*, accueillis par la République de Venise (1477-1526) (extrait des *Archives de l'Orient latin*, t. I, 1881, p. 653-662).

dirigée et servie. Mais tous ses procédés sont-ils avouables aujourd'hui?

« Je ne veux pas, dit-il, entrer dans l'examen des questions de morale politique, laquelle ne doit pas différer d'ailleurs de la morale vulgaire. Je me borne ici à soumettre à l'appréciation impartiale de tous ceux qu'intéresse la sincérité historique des témoignages entièrement nouveaux, d'une authenticité irrécusable et propre à faire pénétrer quelque lumière dans les régions secrètes et quelque peu ténébreuses de l'histoire du passé de Venise. »

Notre confrère produit trois principaux documents un peu antérieurs à la paix désastreuse que les victoires de Mahomet II imposèrent à Venise en 1479.

1° Le 9 juillet 1477, par dix voix contre trois négatives et trois bulletins blancs, le Conseil adopte les propositions du juif Salmoncino et de ses frères, qui offrent d'amener la mort de Mahomet II, au moyen de leurs relations avec maître Valcho, médecin du sultan.

2° Le 5 novembre 1477, à l'unanimité des seize membres présents, il accepte les propositions adressées à l'ancien baile de Durazzo, et transmises par lui au Conseil, de faire empoisonner le sandjak de Bosnie et un autre chef de l'armée (Ismaïl) qui assiégeait la ville de Croïa.

3° Au commencement de 1478, nouvelle proposition d'empoisonner Mahomet II par un nommé Amico. Si dans le cours de l'année il réussit, on lui assure 25,000 ducats d'or comptant, et en outre le domaine de Pinguente en Istrie (28 janvier).

Notre confrère a transcrit lui-même ces textes, pendant l'hiver de 1862 à 1863, sur les originaux placés dans les cartons des archives du Conseil des Dix, et il en donne les cotes.

Pourquoi n'ont-ils pas été cités par les historiens? Parce qu'ils n'ont été connus de personne. Du temps de la République, les archives des inquisiteurs d'État et du Conseil des Dix étaient rigoureusement secrètes et closes pour tout le monde. Les historiens de Venise auraient payé de leur liberté, pour le moins, la plus légère des allusions à des résolutions de cette sorte, si d'ailleurs un sentiment patriotique n'eût fait obstacle à leur indiscrétion. Quant à M. Daru, il n'a pas eu le temps de pousser jusque-là ses recherches.

Est-ce tout ce qu'on peut relever en cette matière? « Il est

probable, ajoute notre confrère, que l'exploration complète des
archives du Conseil des Dix amènerait, malgré la destruction
d'énormes quantités de documents anciens, la connaissance
de pièces analogues à celle que je signale et se rapportant à
d'autres temps et à d'autres pays. » Et il cite à l'appui de son
opinion le passage d'une lettre du 30 juillet 1518 où l'ambassadeur de Venise à Rome écrit au Conseil des Dix qu'un certain
Agostino del Sol offre à la Seigneurie d'empoisonner, au moment
qu'elle jugera opportun, un Lusignan qui intrigue, disait-il, pour
obtenir de l'empereur, ou de quelque autre puissance hostile à
Venise, les moyens de lui enlever l'île de Chypre et de remonter
sur le trône de ses pères : « Votre Seigneurie, dit l'ambassadeur,
est assurée qu'Agostino tiendra tout ce qu'il promet » (p. 660).

Cette publication émut, comme on peut le croire, l'opinion
publique en Italie et provoqua des récriminations dont les recueils
scientifiques de Venise reproduisirent l'écho. C'est à ces protes-
tations que notre confrère a voulu répondre dans son mémoire.
Il n'admet pas que ce fait, qu'il s'agit de musulmans et non de
chrétiens, soit une excuse ni que l'exemple d'assassinats commis
ou projetés par des souverains étrangers assure à de pareils actes
un bill d'immunité ; loin de rien atténuer des conclusions de son
premier mémoire, il y ajoute en citant plus de cent faits nouveaux,
recueillis dans un livre écrit, à propos de sa publication, en un
sens favorable à Venise[1]. On ne doit même pas s'en tenir là :
« Ceux, dit-il, qu'on a signalés au delà du premier quart du
XVe siècle, terme auquel s'était limité l'auteur cité, élèvent au
chiffre de deux cents environ le nombre de ces décisions homi-
cides bien constatées, devenues autant de chefs d'accusation qui
ne peuvent désormais passer inaperçus (p. 206). — L'empoisonnement et l'assassinat, pour appeler les choses par leur nom, ne
sont donc pas des mesures si rares dans l'histoire, et dans le gouvernement de Venise, nous le constatons avec regret sans vouloir
récriminer ni rien exagérer » (p. 208). — Le mémoire entier
est à lire et justifie cette assertion. Il serait pénible d'insister[2].

1. L'abbé Fulin, membre de l'Institut des sciences, lettres et arts de Venise,
Errori vecchi e documenti nuovi, a proposito, etc. Venise, 1882.
2. Aux faits empruntés au livre de M. Fulin s'ajoutent ceux qu'a produits
M. Victor Lamansky, *les Secrets d'État de Venise, documents servant à éclair-
cir les rapports de la seigneurie avec les Grecs, les Slaves et la Porte otto-*

La vie du comte de Mas Latrie a été celle d'un savant, et, malgré ses nombreuses missions, elle ne prête guère à l'anecdote. Ses meilleures aventures, ses bonnes fortunes ont été de découvrir quelques belles lettres d'Henri IV ou de Richelieu, égarées dans les papiers d'archives, quelques pièces témoignant par elles-mêmes de l'emploi diplomatique de notre langue au moyen âge jusque chez les Mongols, ou bien encore dans les archives les plus secrètes de Venise, des projets d'empoisonnement adoptés couramment comme armes de guerre, et consignés au procès-verbal, par le Conseil des Dix. Après les grands ouvrages que nous avons sommairement analysés (l'*Histoire de Chypre*, les *Traités de paix et de commerce entre les chrétiens et les Arabes de l'Afrique septentrionale au moyen âge*), ces morceaux, qui enrichissent la *Bibliothèque de l'École des chartes*, ont bien encore leur valeur. S'ensuit-il que toute son œuvre soit là et l'a-t-on suffisamment fait connaître quand on a dressé la liste, si longue qu'elle soit, de ses articles ou de ses mémoires? Non assurément. Cette longue énumération atteste sans doute sa puissance de travail, et quand on y regarde de plus près on admire sa curiosité intelligente, sa fine critique, sa perspicacité. Mais, pas plus que ces fragments ne sont toute la science, cette sorte de recherches ne lui paraissait être l'objet principal de la vie. Homme du devoir avant tout, il plaçait plus haut son idéal. Il aspirait à une vérité qui réside dans une région plus sereine, et ses aspirations n'étaient pas stériles et vaines. Tous ses actes étaient d'accord avec ses convictions. Il n'était pas de ces savants qui se désintéressent de la société où ils vivent, et il avait pour cela de très bonnes raisons. Il avait vu grandir auprès de lui deux fils qui soutenaient dignement les traditions de sa famille et l'honneur de son nom : l'un dans les fonctions administratives de l'Université, l'autre dans la carrière des armes, arrivé le plus jeune de son grade au premier rang des officiers supérieurs. Il comptait lui-même dans l'enseignement public, aux Archives nationales, à l'Institut, des collègues, des confrères dont il s'était fait autant d'amis par la franchise et la cordialité de ses relations ; et il trouvait à sa portée tant de bien à faire ! Ses missions mêmes avaient servi à étendre le champ de son action. Celle de Chypre

mane. Saint-Pétersbourg, 1884. Notre confrère les examine avec la même impartialité (p. 234-259).

lui avait fait connaître l'Orient; en y relevant les traces de la prépondérance de la France dans le passé, il y avait retrouvé son influence encore florissante dans le présent; il avait constaté avec quelle persévérance, avec quel succès les ordres religieux, dans leur mission permanente, savaient l'y entretenir par tous les bons offices qu'ils rendaient au pays et notamment par leurs écoles. Aussi, bien longtemps avant de prendre part aux savants travaux de la Société de l'Orient latin, était-il entré l'un des premiers dans l'humble association des Écoles d'Orient, société qui compte un grand savant parmi ses fondateurs, Augustin Cauchy, mais qui avait modestement en vue la première éducation des enfants de ces contrées toujours chères à la France. C'est à ce titre qu'après les discours prononcés sur la tombe de notre confrère, au nom des compagnies ou des corps dont il faisait partie, par MM. Héron de Villefosse, Paul Meyer, Servois, Babelon, le R. P. Charmetant, directeur de l'Œuvre des Écoles d'Orient, a voulu aussi lui rendre ce témoignage qu'il en avait été membre actif et zélé jusqu'à son dernier jour.

Jusqu'à son dernier jour (3 janvier 1897), Louis de Mas Latrie fut fidèle aux plus nobles causes qui puissent passionner l'âme : la grandeur et l'honneur de la patrie, le culte de la science et la foi du chrétien.

(Extrait de la *Bibliothèque de l'École des chartes,* tome LX, 1899.)

Nogent-le-Rotrou, imprimerie DAUPELEY-GOUVERNEUR.